AF321135

DISCOURS

PRONONCEZ

EN L'ACADEMIE

FRANCOISE DE

VILLEFRANCHE

EN BEAUJOLLOIS,

A la Reception de Monsieur CHASSEBRAS DE CRAMAILLES, à son retour d'Italie, en l'année 1688.

A PARIS,

De l'Imprimerie de JEAN CUSSON, ruë saint Jaques, à l'Image de saint Jean Baptiste.

M. DC. LXXXIX.

AVEC PERMISSION.

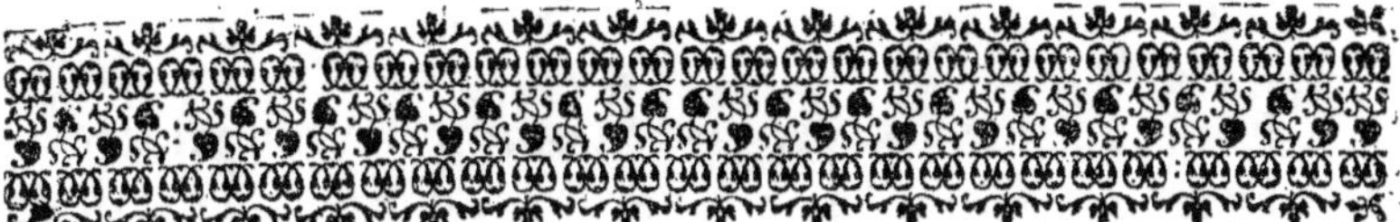

DISCOURS

DE MONSIEUR
CHASSEBRAS DE CRAMAILLES.

ESSIEURS,

Quand je confidere le rang où vous venez de m'é-
lever, & la place avantageufe que je tiens de votre
generofité, je fuis étonné de la hardieffe que j'ay
euë d'accepter ces marques de bienveillance dont
vous m'honorez.

Vous n'avés confulté que votre inclination bien-
faifante quand vous m'avez admis dans votre illu-
ftre Compagnie ; mais cela ne m'empêche pas de
voir tout l'éclat qui l'environne ; & connoiffant ma
foibleffe, j'ay fujet d'apprehender d'eftre ébloüi de
vos lumieres, pour avoir voulu m'en approcher de
trop prés.

Je vous avoüe, Messieurs, qu'ayant toûjours eu une affection particuliere pour les Belles

A.

Lettres , je vous ai regardé comme des modeles par-
faits que je devois suivre ; & j'ai connu qu'il falloit
venir en ce lieu pour apprendre la vertu & l'éloquen-
ce, & que votre celebre Academie estoit la source
où l'on pouvoit puiser sûrement ce qu'il y a de
plus pur & de plus poli dans notre langue. Je sça-
vois bien que vous rendiez justice au merite : Ce-
pendant je n'osois me promettre que vous dussiez
couronner si genereusement mes desirs & mes intentions.

En effet, ne sont-ce pas là des marques d'une
bonté toute particuliere ? Vous me recevez au nom-
bre de vos illustres confreres, dans le tems que je
m'adresse à vous comme à mes Maistres. Vous
me faites jouïr des fruits & des avantages de la victoi-
re, avant que d'avoir combattu. Et vous me placez
dans le temple de la gloire quand je n'osois pres-
que y aborder.

Ouy , MESSIEURS , vostre Academie se peut
appeller le Temple de la Gloire. De quel côté qu'on
la considere, l'on n'y voit rien que de merveilleux.

Son institution est des plus nobles : Elle est établie non seulement pour la pureté de la langue, &
pour celle des mœurs ; mais encore pour éterniser les
actions glorieuses du plus grand Monarque de l'U-
nivers. Vous , MESSIEURS, qui formez cette
Compagnie, vous en soûtenez admirablement l'é-
clat : On vous a choisis parmi les plus beaux es-
prits du siecle. Et votre digne Protecteur acheve
de lui donner le brillant : Il attire le respect &
l'admiration de tout le monde.

Monsieur de Neufvil-le de Ville-roy, Arche-vêque & Comte de Lion, Com-mandeur des Ordres du Roi.

Aussi

Aussi , Messieurs , falloit il des sujets de votre merite pour la rendre si fameuse. Le Public regarde vos belles productions comme autant de tresors, dont vous avez fait une nouvelle découverte. Vos Poësies ont cet avantage qu'elles plaisent & qu'elles instruisent. On y remarque un feu divin , qui penetre jusqu'au fond de l'ame. On trouve dans vos maniéres d'écrire la justesse des sentimens , des expressions claires & brillantes , un stile noble & relevé , & generalement tout ce qui donne de la grace & de la beauté aux ouvrages. Mais ce que l'on admire encore plus , c'est l'adresse que vous avez de donner un tour galant aux sujets les plus serieux.

Je me trouve agreablement engagé à parler ici de votre illustre Protecteur , qui soutient si dignement la grandeur de son caractere. Son sçavoir, sa prudence & sa conduite l'ont rendu digne des grands emplois dont Sa Majesté l'a honoré. Quand il n'auroit pas toutes les qualités qui font un grand Prelat, son nom seul feroit son éloge.

Il est d'une Maison qui a fourni à l'Etat plusieurs sujets de remarque , qui ont été toûjours fideles à leur Prince, & qui ont donné des preuves de leur courage dans toutes les occasions. François I. & les autres Rois ses Successeurs ont reconnu en ces grands hommes un esprit si desinteressé , & un attachement si fort au service de la Couronne , qu'ils leur ont confié les affaires du Royaume les plus importantes , & les ont honorez des principales charges, & des plus hautes dignitez.

Il estoit à propos que des genies aussi rares que les

vôtres, MESSIEURS, fuſſent unis à un Protecteur ſi accompli, pour inſtruire la Renommée des exploits glorieux de LOUIS LE GRAND. Comme tout ce qu'il fait eſt au deſſus du merite des Heros que l'Hiſtoire nous vante, il falloit auſſi des perſonnes au deſſus du commun, pour tranſmettre à la Poſterité par leurs écrits les faits ſurprenans de ce Grand Prince. Toute ſa vie eſt un tiſſu de merveilles, qui confond ſes ennemis, & qui les met dans la derniere ſurpriſe. Ils s'étonnent de le voir marcher tranquillement dans des endroits perilleux, malgré la rigueur des ſaiſons les plus fâcheuſes. Ils ne peuvent comprendre que les Nations les plus éloignées traverſent les mers pour venir rendre les hommages & les ſoumiſſions duës à ſa Grandeur Suprême, & à ſon Auguſte Majeſté. Et ils voyent avec envie que tous les Souverains unis enſemble ont eſté obligez de lui ceder, & de le reconnoitre pour l'Arbitre de la Paix & de la Guerre. Ils ne doivent point eſtre ſurpris de ces prodiges. Sa prudence & ſa juſtice attirent la benediction du Ciel ſur ſon Royaume & ſur ſa Perſonne Sacrée ; & tous les Peuples de la Terre connoiſſans la douceur de ſon Regne, ne cherchent qu'à lui eſtre ſoumis, & à vivre ſous ſes loix. Ses Sujets le cheriſſent & le reverent, parce qu'il a gagné leur cœur, & qu'il ne cherche qu'à procurer leur felicité. Les Gens de Lettres & les Sçavans abandonnent leur Patrie pour le venir chercher, parce qu'il eſt le Protecteur des Sciences & des Arts. Les Catholiques le regardent comme le Soûtien de la Religion, parce qu'il leur donne ſa protection, & qu'il détruit l'hereſie,

Je ne puis finir ce Difcours, MESSIEURS, fans regretter la perte de cet Academicien fi zelé, dont j'ai l'honneur d'occuper la place. Il eftoit confiderable par fon érudition autant que par fa fageffe & par fa pieté, qui font des vertus hereditaires dans fa famille. Son affabilité & fa probité le faifoient rechercher de toutes les perfonnes de merite, & l'on peut dire, fans le flater, qu'il vivoit dans le monde felon l'efprit de Dieu.

A prefent, MESSIEURS, comment vous témoigner ma reconnoiffance pour tant de graces que vous m'avez faites ? Je n'ai pas de termes affez forts, ni proportionnez à la grandeur du bienfait que j'ai reçu ; Mais j'efpere que vous recevrez en revanche un cœur entiérement foumis, & que vous imiterez la conduite de ce Roi de Perfe, qui difoit, qu'il n'eftoit pas moins genereux aux ames bien nées de recevoir de petits prefens, que d'en faire de grands.

Monfieur de la Barmondicre de S. Fonds, Frere de M. le Curé de faint Sulpice à Paris.

REPONSE

DE MONSIEUR

DE LA ROCHE-PONCIE,

DIRECTEUR DE L'ACADEMIE.

Monsieur,

La qualité de Directeur, que le sort m'a fait avoir depuis peu dans notre Academie, mêle avec le plaisir & l'honneur qu'elle me procure, beaucoup de défiance & d'apprehension. En effet, comme dés les premiers pas de mon emploi je me trouve obligé de répondre à votre Discours, je me sens si foible pour le faire dignement, que j'ai tout sujet d'en craindre le succés. Votre Piéce est si belle & si forte, que j'aurai peine à rencontrer des ornemens & des pensées qui lui soient proportionnées ; & le peu de lumieres que j'ai va sans doute cesser par l'éclat surprenant des vôtres.

Quand notre Compagnie, Monsieur, a voulu vous donner des Lettres, elle n'a pas couronné des

desirs

désirs & des intentions, comme vous dites , mais en
vous rendant juſtice elle a couronné le vrai merite
qui éclate depuis ſi long temps dans votre ancienne
Maiſon ; & elle ne vous fait joüir des fruits de la Vi-
ctoire, pour me ſervir du nom que vous donnez à ſes
preſens, qu'aprés de longs travaux. Elle ne vous place dans le Temple de la Gloire , qu'aprés que votre
vertu s'en eſt fait l'ouverture.

Il eſt vrai que notre Inſtitution n'eſt pas des moins
nobles , puis que notre Academie eſt établie non ſeu-
lement pour la pureté de la Langue , & pour celle des
mœurs , mais encore pour ſacrifier ſes veilles & ſes
plus grandes occupations à immortaliſer la gloire du
plus grand Roi de la Terre ; & nous reconnoiſſons
qu'une ſi haute entrepriſe ſeroit d'un poids ſous le-
quel nous ſuccomberions , ſi nous n'eſtions ſoûtenus
par la force de notre incomparable Protecteur , dont
le genie ſi rare & ſi relevé peut par un ſeul de ſes raions
communiquer les qualitez neceſſaires à la Compagnie
dont il eſt le Chef, pour la conduite d'un ſi beau deſ-
ſein. En effet ſa penetration accompagnée de tant
de vertus Morales, Politiques & Chretiennes, & ſou-
tenuë d'une ſi longue experience , l'ont rendu digne
des plus grands emplois de l'Eſtat & de la Religion.
Son Illuſtre Maiſon toujours fidele à nos Princes , en
a affermi la tranquillité & le rétabliſſement dans le
ſiecle où les revolutions ſembloient tout renverſer.

Nous avions beſoin de cet appui pour oſer entre-
prendre de publier les exploits glorieux du Heros qui
efface toute la gloire de ceux que l'Hiſtoire a ſi fort
élevez , du Heros qui n'a point d'égal parmi les hom-

mes vivans , du Heros enfin auquel les plus grands Princes de la terre envoyent faire des hommages , & que les Nations des Climats les plus reculez viennent voir avec admiration. Mais nous avons befoin d'un Academicien côme vous , MONSIEUR , qui par fes curieufes & fçavantes Relations nous fait voir les divers Païs & les differens Peuples fur lefquels ont regné les Cefars & les Alexandres , pour découvrir en mefme temps leur abbaiffement par une reflexion avantageufe de LOUIS LE GRAND , & pour connoitre par la difference de leur domination & de celle de notre Prince , l'avantage que nous avons fur les Nations aufquelles les Heros de l'antiquité ont commandé.

C'eft par ce genre fingulier d'écrire qu'une Plume comme la vôtre fera voir le nom de notre Compagnie par toute l'Europe. Ce font les avantages que nous commençons à tirer de votre talent par la communication de vos lumieres , fuivant le fens de notre Devife. Et c'eft une grande confolation pour Elle , que la Place de Monfieur de la Barmondiere de Saint Fonds , homme de naiffance , d'une folide fcience , & d'une pieté exemplaire , foit remplie par une Perfonne qui lui fuccede avec tant de belles qualitez , que nous n'avons qu'à faire des vœux pour vous poffeder plus long temps pour le foutien de notre Societé , & pour la gloire des Lettres.

Permis d'imprimer. Fait ce 26. Mars 1689.

DE LA REYNIE.

www.ingramcontent.com/pod-product-compliance
Lightning Source LLC
LaVergne TN
LVHW021111050726
842519LV00005B/1951